महक
मेरे जीवन की

Heena Khan Khatri

Presentation by *BookLeaf Publishing*

Web: www.bookleafpub.com

E-mail: info@bookleafpub.com

ISBN: 9789360941963

First edition 2024

Dedication

*To all the people around the world who made me
what I am today.*

Acknowledgement

I want to thank:

My father (Sirajuddin Khatri), my mother (Rukhsana Khatri) for supporting me, having trust in me, letting me come out of my comfort zone, and encouraging me to do better every time. My siblings, Huma Khan, Talib, Tanveer Ahmed Khan and his wife (Aaisha), for their support. I want to thank my family for accepting me the way I am, and all the fun we have as a family.

My close friend, Moinu, who left us in 2012, his support, will never be forgotten. He supported me during my lows and highs, and when I needed it the most.

My mentors, who bring the best out in me: Diwakar, Kristin De Rudder, Hariom, Monika Agarwal (jain), Neha Kumari, Nitin Agarwal, Rajan Arora, Rajesh Chandwani, Raju Majumdar, Sharda Verma, Surabhi Mittal, Sushil Kumar Bissu, Uma Verma, Vandana Srivastava, Vikas Gupta, Vinod Dumblekar, Yavar.

My friends, who supported me along the way: Adnan Habib, Agam Jain, Akansh Raj, Akshay Singh Chauhan, Amit Singh Pan, Amit Suri, Anas Qureshi, Aneeta Singh, Bharath Sripathy, Bhavna Jha, Carolin, Dhruval Khamar, Diptanshu Gupta, Ekta, Gabriella Geffen, Gaurav Sharma, Gina Suzara Barrios, Imroze, Jaydeep Sharma, Jeenapari, Kumar Sundaram, Manish Raj, Nizam, Onmkar Datar, Ovais, Pranshu Maheria, Prateek, Prince Kurrey, Rais Bakshi, Rajat Tiwari, Rosalia Suzara Barrios, Sanchita Ghosh, Shubhamoy Sarkar, Srinivasa, Vimal.

Kudos to Millennials and Gen Z generation, who supported me along the way: Ankhil Jain, Ayush Vohra, Ayush Sharma, Dushyant Gadhvi, Faiz Ahmed, Gaurav Mohata, Greeshma Nair, Isha Garg, Ishika Jain, Janmejay Mugal, Nosheen Khan, Paras Maini, Shairal Dang, Shrey Gupta, Srijal, Srikanth Reddy, Vikram Challa.

Many thanks to BookLeaf Publishing for publishing my first book.

I am extremely grateful to everyone, and nature around me, unknowingly or knowingly who have encouraged me, in all possible ways.

I also would like to thank all my readers for taking the time out to breathe in my words.

Together, you all have played a crucial role in bringing "महक - मेरे जीवन की" into existence, and for that, I am grateful.

Preface

My passion for writing ignited due to a number of reasons, i.e., in the world of my writings, everyone seems to be known to me, and no one seems to be a stranger, that's what keeps me going from one place to another, over a period of time have gained confidence to build connections with people via my writings, a wonderful source for conveying my heartfelt feelings about my perfectly imperfect world, encouragement received from family and friends, and nature has always been an inspirational source to me. Nature reminds me to be patient with myself and others, allowing time to unfold the mystery of life naturally.

I will also fulfill a promise I made to a close friend to publish a book.

With this book, I am opening a door to my heart. Hoping that this poem book resonates with you and you feel connected as you start flipping the pages.

I have learned a lot from my experiences, and am still on the path of learning 'how to love unconditionally without expectations'. I enjoy being surrounded by water bodies, snow-capped mountains, and greenery all the time. It calms my soul, purifies my heart and keeps me going from one place to another.

I have heard people say that one achieves happiness when they get what they like. But to me it has always been a question in my mind that if I get what I want, will I be happy or is it really what I want or will it only give me ephemeral happiness? Since then, I have been searching for true bliss and inner satisfaction instead of ephemeral happiness, and I have always found peace and joy in Allah's creations.

I started solo travel in October 2022 and since then I am growing in love and embracing life's flow via traveling from one place to another. I am loving it and living my life to the fullest. I am grateful to Allah for everything.

Everywhere I have traveled people have asked me a lot of questions, but this question is my favorite 'what keeps me going from one place to another' and to answer this question, I always feel excited when I talk to people in spite of the cultural and language differences. I always thrive for a stronger and positive connection with the people around the world, and I also want to present the beauty of the world to everyone 'How I see the world via my eyes'. My inner voice tells me to travel a little bit more and more each passing day.

Let's connect and inspire each other. My email ID is free2flyinthesky@gmail.com and my Instagram username is @freetoflyinthesky .

Unpredictable falls, where
you have to give it all one
more time

चले आओ

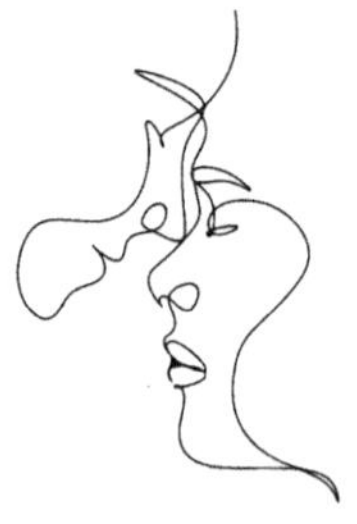

समझता नहीं ये दिल
इसे समझाने के लिए चले आओ
दूर से ही सही
दूरियाँ मिटाने के लिए चले आओ
एहसास तो है तेरा मगर
महसूस करने के लिए चले आओ
है ये प्यार क्या मैं नहीं जानती
इन खामोशियों में
मुस्कुराने के लिए चले आओ
दो चार दिन की है ये ज़िंदगी
इस पल में मेरा बन जाने के लिए चले आओ
चाहे लाख कोशिश कर ले कोई रुलाने की
मेरे साथ हंसने के लिए चले आओ
समझता नहीं ये दिल
इसे समझाने के लिए चले आओ

खुशी

तू ऐसे गया कि सब कुछ सिखा कर गया,
कि भरोसा, उम्मीद, और प्यार ही नहीं रहा मुझमें
तूने मुझे मुझसे ही जुदा कर दिया
अब सोचती हूं कि तू अगर खुश है इसी में
तो क्या में ये खुशी भी ना दू तुझे, ये तो मुमकिन नहीं

आख़िर, मैं भी एक इंसान हूँ

दुनिया सजाई थी मैंने तेरे लिए
अगर कुछ कमी दिखी होती
तो एक बार कह कर तो देखा होता
कि तू सज़ा बन गई है अब मेरे लिए
उफ़्फ़ भी ना करी होती मैंने अपने लिए
दिल तो दुखता है मेरा भी
आख़िर, मैं भी एक इंसान हूँ

ऐसा क्यों है

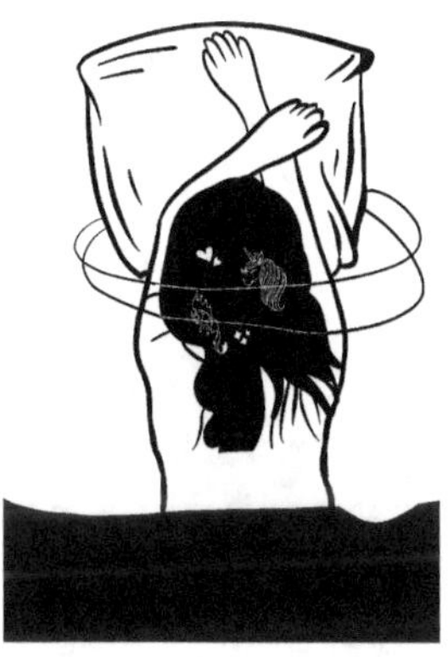

तुझे पा नहीं सकती;
फिर भी तेरी चाहत क्यों है
तुझे भुलाना चाहूँ
पर भुला ना पाऊँ
उस समय तुझे मेरी आरज़ू क्यों है
है ये क्या मैं नहीं जानती
हर पल तेरे पास आने की बेचैनी क्यों है
तुझे खुश ना कर सकूँ
फिर भी खुश करने का जूनून क्यों है
दिल तेरी यादों में डूबा रहता है
ऐसा क्यों है
ख़ुशी मंज़ूर नहीं तेरे बिना,
तू ही मेरा सब कुछ क्यों है
तुझे पाना चाहूँ, पर पा ना पाऊँ
ऐसा क्यों है
तेरी यादों में हम इतने खामोश क्यों हैं

वजह

तू ही तू बसा है मेरे हर अंग में
दिखे तू ही तू हर जगह
सोचूँ तो पा जाऊँ तुझे
हो जाऊँ मैं गुम इस तरह
छूना चाहूँ पर छू ना पाऊँ
तू ही बता इसकी वजह
तुझसे मिलके मिली मुझे मेरी जीने की वजह
तुझसे मिलके माना मैने तू ही है हर जगह
सोचूँ तो तू है इतने पास
आखें खोलू दिखे ना हर जगह
छूना चाहूँ पर छू ना पाऊँ
तू ही बता इसकी वजह
महफूज़ रहे तू मेरी हर दुआ है इस तरह

मेरा दिल हार गया

कुछ ऐसा कहना था मुझे
कि तुम उसके बाद मुझे कभी पलटकर ना देखो
और फिर तुमने कभी पलटकर नहीं देखा
यहां मैं कामयाब रही
बस मेरा दिल हार गया

एक बात

कहनी है मुझे एक बात
लो कहती हूं मैं आज
कोई पास बुलाता नहीं
कोई रास मुझे आता नहीं
कहनी है मुझे एक बात
लो कहती हूं मैं आज
आंख भर आई नहीं
की याद तेरी आई नहीं
कहनी है मुझे एक बात
लो कहती हूं मैं आज
कहते तो हैं वो,
करते हो तुम मुझसे प्यार
कैसे बताएं उन्हें,
क्यों किया हमने इंकार
कहनी है मुझे एक बात
लो कहती हूं मैं आज
कोई पास बुलाता नहीं
कोई रास मुझे आता नहीं
कहनी है मुझे एक बात
लो कहती हूं मैं आज!

इत्मीनान

तू मुझे भूल जाए
ये मुझे नहीं था गंवारा
पर तूने मुझे भुला दिया
अब इसका इल्ज़ाम मैं किस पर लगाऊँ
ख़ैर, कोई नहीं
अब मेरा ये कहना लाज़मी है
तुझसे मिलने के बाद दिल में इत्मीनान सा है

किसी की हो ना सकी

एक नदी थी
जो मिलने चली थी
और वो नदी में हूं
जो किसी की हो ना सकी
इसलिए अब
हर दफ़ा मैं समुंदर से
मिलने की कोशिश करती रहती हूँ
बातें करती हूं, टकराती हूं
अपने आप को समझाती हूं
और आगे बड़ी चली जाती हूं

भरोसा

भरोसा नहीं है
कहकर भरोसा तोड़ा है तुमने
क्या इतने बुरे हैं हम
कि तुम आ भी ना सके मिलने
मैं इंतज़ार कर रही थी तुम्हारा
मुझे लगा तुम आओगे
पर तुमने तो मुझे मुझसे ही जुदा कर दिया

चाहना - एक ख़ता

तू कहता रहा और मैं सुनती रही
जब मैंने कुछ कहना चाहा तो
तूने मुझे मुझसे ही जुदा कर दिया
और मेरा तुझे चाहना एक ख़ता बनकर रह गया

राब्ता दिल का

दिल अगर दिल से मिला होता
तो क्या बात थी
आखें यूं तरसी ना होती
तेरी मोहब्बत के लिए
तेरे मेरे दरमियान अब कुछ बाकी है
तो हैं सिर्फ, ये दूरियां

मिले ही ना हो

क्या कहूँ अब कुछ कहा नहीं जाता
क्या सुनाऊँ अब कुछ सुनाया नहीं जाता
कितनी आसानी से छोड़ दिया तुमने बात करना
अब लगता है, तू और मैं मिले ही ना हो जैसे

शिद्दत

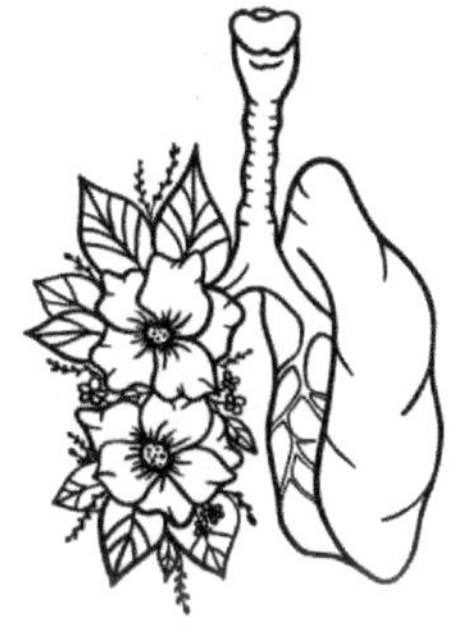

जिसको भी चाहा, शिद्दत से चाहा
जिसको भी मांगा, शिद्दत से मांगा
बस अधूरा रह गया
दूसरों का शिद्दत से चाहना और मांगना

याद

एक बार किसी ने मुझसे पूछा
कि मेरी याद आती है या नहीं
मैने कहा अब क्या बताएं
किसकी याद आती है और किसकी नहीं

काबिल

तेरा ये कहना कि तू मेरे काबिल नहीं
मेरी जान ले गया
और जब-जब लोगों ने ये बात याद दिलाई
तब-तब मेरी आँखों से समुंदर बह गया

कुछ ना कुछ

मैं कुछ कहती नहीं
इसलिए लोग बहुत कुछ कहते हैं
और ये वही लोग हैं
जिनके पास कहने के लिए
हर पल कुछ ना कुछ होता है

अंजान

जब कोई जानने वाला ये महसूस कराए
कि तुम कुछ नहीं हो
तब लगता है कि काश अंजान होते
तो कितना अच्छा होता

बात

बात अगर बात होती तो क्या बात थी
पर बात तो दिल की समझने की थी
जब समझाया दिल को
तो दिल ने कहा
कि पहले ही कहकर देखा होता
क्योंकि अगर समझाया होता
तो दिल तो दुखा ना होता

कोशिश

ख़फ़ा न होना मेरी कोई भी बातों से
बस मुझे समझने की कोशिश करना
और अपनी बाहों में भर लेना

प्यार

किसी को इतना प्यार भी ना करो
अगर वो बात ना करे
तो तुम्हें अपने आप से ही नफ़रत होने लग जाए
और तुम अपने आप को ही भूल जाओ

दिल की बात

किसी को इतना भी ना डराओ
कि वो डरता ही रहे
और अपने दिल की बात ना कह पाए

Nurture your own nature

ज़िंदगी

ऐ मेरी ज़िंदगी
आज इधर, कल उधर

एक कोशिश

मेरी एक कोशिश
अपने आप को अपनी नज़रों से देखने की

एक लम्हा

एक लम्हा खुद के लिए भी रखना
वरना लोग पूछेंगे और कहेंगे
कि तुमने मेरे लिए किया क्या है
तू कुछ ना कहना
बस याद करना वो लम्हे
जो तुमने अपने साथ बितायें हैं
क्योंकि उस वक्त
तुम्हें तुम्हारे साथ बितायें लम्हे खुश कर जायेंगे
और हौसला बढ़ाएंगे
एक और लम्हे के लिए
और वो एक लम्हा होगा तुम्हारा अपना
खुद के साथ होने का

कहानी

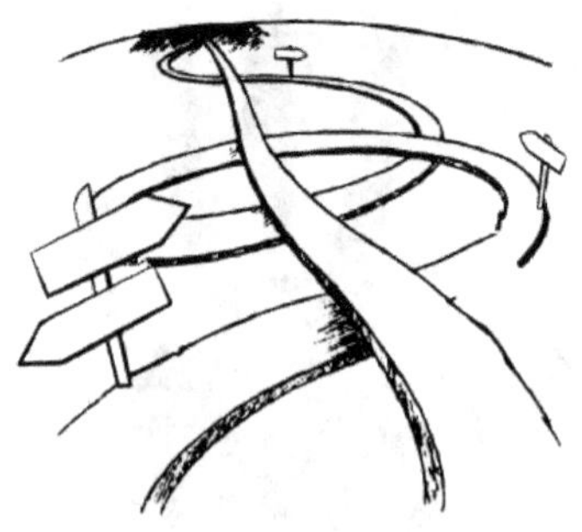

अगर कोई और ना समझे तेरी कहानी
तो तू डरना नहीं
क्योंकि तुझे ही समझनी होगी तेरी कहानी
और आगे बढ़ना होगा

वक्त ही तो है

खुद का ख्याल खुद रख, किसी से कह के ना देख
वक्त ही तो है, ये भी गुज़र जाएगा
सभी ने आज़माने की ठानी है शायद,
तू भी एक बार और सह ऐ दिल,
क्योंकि तू फिर से निखर जाएगा
क्योंकि अगर कहा तो, तमाशा बन जाएगा
खुद का ख्याल खुद रख, किसी से कह के ना देख
वक्त ही तो है, ये भी गुज़र जाएगा

एक आखिरी बार

समझने वाले को
समझाने की ज़रूरत नहीं होती
वो खुद समझ लेता है
और जो ना समझे
वो समझना ही नहीं चाहता है
चाहे तुम कितनी भी कोशिश कर लो
उस समय तुम्हें एक आखिरी बार
खुद को समझाने की कोशिश करनी है

मुकम्मल

तुझ से दूर होकर
मैंने अपने दिल को समझाया है
अब ऐसा लगता है
तुझे खोकर जीना आया है
अब ये दिल राह नहीं देखता तेरी
क्योंकि अब जाना मैंने
तुझसे दूर होकर अपने आप को मुकम्मल पाया है

सुकून

जो पाने का मन है
वो अगर मिल जाए
तो, क्या वो सुकून मिलता है
जो सोचा था

It's all about you

Be kind to yourself,
treat yourself the best you can,
be true to yourself,
grow in self-love.

Present

You are amazing as you are,
you receive a life everyday from Allah, and
Don't you ever forget that,
you have reached this far,
believe that you are worth it
and you deserve the best,
so, stop thinking and start working,
until you reach,
where you want to be.
keep your flame burning…

Acceptance

Accept the fact that,
people treat you,
the way they want to be treated,
not the way you want to be treated.

Expectations

Having expectations and,
seeing them not getting fulfilled,
will always hurt you,
so, be kind to your inner self with what you,
expect from others,
keep working on it,
and eventually, you will receive it.

Deserve

Unintentionally, or intentionally,
people will hurt you,
but it is you have to understand,
who is worth fighting for,
and deserve your love.

Pain

If you can't understand,
the pain of others,
at least, please don't intensify it.

Don't Give up

External forces, internal thoughts,
as you can't control the outside environment,
understand even if you have to sail like a snail,
do it for yourself, just remember, don't give up.

I am, who I am

I am who I am, and this is who I am,
If you accept me,
the way I am, and for who I am,
then, I can be yours forever.

Be kind, spread love and keep smiling

As an individual,
I cannot carry the burden of,
kindness debt, love debt, and smile debt,
Everyone says it's free,
but it takes a lot of courage,
to be kind, spread love and always keep smiling.

Rise and shine in love

सब्र

बहुत ही सब्र से संभाला है खुद को
अब जब संभलने लगी हूं धीरे-धीरे
सुनने में आया है
कि कोई मुझसे प्यार करता है

इज़हार

आख़िर, तू भी तो कभी इज़हार कर

कहीं तो मिलेंगे, कभी तो मिलेंगे

ये सोच कर सब्र कर लिया है
कहीं तो मिलेंगे, कभी तो मिलेंगे
मैं ख़ुश हूँ ये जानकर ही कि
तू और मैं एक ही आसमान के नीचे हैं

दिल - एक सीधा रास्ता

दिल की बातें हैं
दिल से कह देनी चाहिए

मुस्कुराहट

कुर्बान हो जाऊँ तेरी मुस्कुराहट पर
या इसे देख कर जीने का बहाना ढूंढ लूँ
क्योंकि तेरी मुस्कुराहट का असर
सीधा दिल पर होता है

दिल चाहता है

उनसे मिलने को दिल चाहता है
कुछ सुनने सुनाने को दिल चाहता है

प्यार, एक एहसास

तुम कहते हो
कि मैंने कभी प्यार नहीं किया,
हाँ, जितना तुझे किया
उतना कभी किसी और को नहीं किया

नज़र

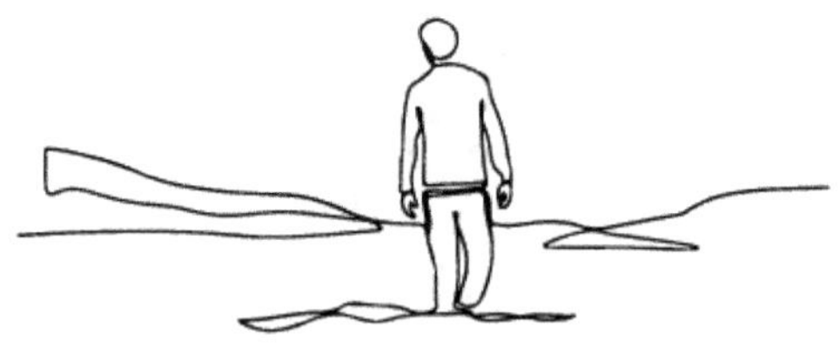

जहां भी गई
बस में तू ही तू नज़र आया
तू कभी जुदा ना हुआ मुझसे
हर दफ़ा मेरे करीब नज़र आया
मैं तुझे ढूंढने चली थी
पर तू तो आज भी वहीं खड़ा नज़र आया

खुदा मेहरबान सा है

लगता है मेरा खुदा मेहरबान सा है
तेरा ये कहना तू मेरे काबिल नहीं
मेरे लिए एहतराम सा है
तेरा ना होना भी एक एहसास है
तुझे पाने का जुनून मेरे लिए एक मुकाम सा है
तू है या नहीं
आजकल दिल में इत्मीनान सा है
ख़ुश रहे तू जहाँ भी रहे
मेरा एक पैगाम सा है
खामोशियों में तेरी हां है
ये हम दोनों को पता है
पर क्या तू भुला पाएगा इस ज़माने के डर से
मुझे एक गुमान सा है
लगता है मेरा खुदा मेहरबान सा है

मोहब्बत

सिखाकर गया है, ज़िंदगी कैसे जीते हैं
और
सिखकर गया है, मोहब्बत
जिससे भी करेगा लाजवाब करेगा

मन

तेरे पास रह कर
मेरा मन नहीं भरता
तेरे से दूर हो कर
मेरा मन नहीं लगता

रोशनी

तू आया है ज़िंदगी में
मेरी रोशनी बनकर
रहना तू साथ मेरे
मेरी हर खुशी बनकर

Shining

When you are in front of me,
the wind starts moving slowly,
my heart is so happy,
the world has come to a standstill and,
it starts shining.
Everything looks so magical around us.

Everything is right

Together we take our best flight.
In your arms, everything is right.

Light of my life

Light of my life, my shining star,
With you, I found who truly I am.
Together, we shine so bright,
Forever and always, you are my light.

Love of my life

Love of my life,
forever cherished, forever adored,
with you, I found my heart's true chord.
As we grow in love together,
With each passing day,
you make me feel better and better.

High-tide

With you, I am growing in love,
and, I have nothing to hide.
Your touch always gives me an high- tide.

Friends, listening ears and
the hands to hold

तू दोस्त है मेरा

तू दोस्त है मेरा
ये कभी ना भूलना
तू कहीं भी हो
अंजान नगर में
या जाने पहचाने शहर में
तू, दोस्त है मेरा
ये कभी ना भूलना
बिन कुछ कहे
बातें कहना
जो दिल चाहे
बिन कुछ सुने
मैं सुन लूँगी
तू बस कहते रहना
बस चुप ना होना
तू, दोस्त है मेरा
ये कभी ना भूलना
तू कहीं भी हो
अंजान नगर में
या जाने पहचाने शहर में

है खुदा मुझ पर मेहरबान

है खुदा मुझ पर मेहरबान
कभी हो जाऊँ मैं अपने आप से अंजान
तो तू बताना मुझे मेरी पहचान
तेरी दोस्ती के लिए जीते हैं हम
अब ना बन तू अंजान
है खुदा मुझ पर मेहरबान
तेरी सभी खुशियों की दुआ करेंगे हम खुदा से
यही है अब मेरे जिस्म की जान
है खुदा मुझ पर मेहरबान
तू जहां रहे खुश रहे और प्यार में रहे
आ जाएगी मेरे अंदर तेरी मुस्कान
जब आएगी तेरी मुस्कान
तो आएगा खुदा का फरमान
है खुदा मुझ पर मेहरबान

Friends

Friends who live far away,
and have not seen each other for once,
there is something which connects them,
a thread of friendship.

Family, where roots of the
heart lives

घर

घर की दीवारों में बसी हैं खुशियाँ
हर कोने में बसी हैं हँसियाँ
छोटे-छोटे झगड़े फिर मिल जाते हैं
सच्चे प्यार में सब भूल जाते हैं

वो है पापा

हिम्मत से जीना सिखाते हैं
वो है पापा
अपने पैरों पर कैसे खड़ा होना है सिखाते हैं
वो है पापा
सब्र कैसे रखना है सिखाते हैं
वो है पापा
जो कुछ भी नहीं कहते हैं
पर समझ सब कुछ लेते हैं
वो है पापा
कहना बहुत कुछ चाहते हैं
पर दिल में ही छुपा लेते हैं
वो है पापा

वो है माँ

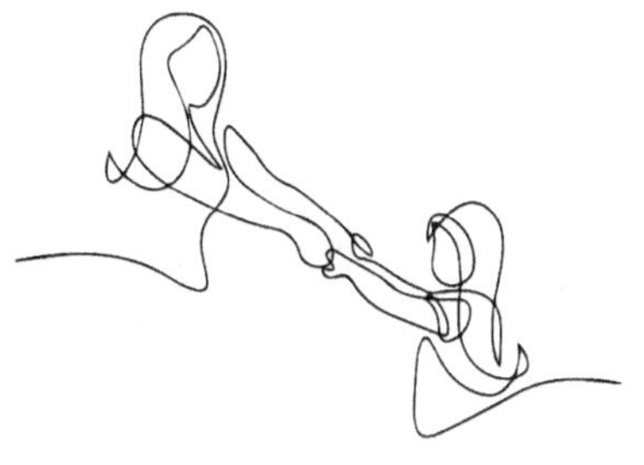

ख़ुद के ख़्वाब छोड़कर
हमारे ख्वाब पूरे करती है
वो है माँ
ख़ुद की परेशानियाँ भूलकर
हमारी परेशानियाँ हल करती हैं
वो है माँ
ख़ुद खाना न खाकर
हमें खाना खिलाती हैं
वो है माँ
ख़ुद अपना वक्त क्या होता ये भूलकर
हमारे साथ वक्त बिताती हैं
वो है माँ

भाई-बहन

भाई-बहन
एक अनोखा रिश्ता है
लड़ाई झगड़ा कर लेंगे
पर ख़फ़ा ना होना तू, कहकर
ज़िंदगी की उलझनों से सीखकर
तुझे ही सुलझाना है

Family

Family is a tapestry, knitted with care,
Threads of love, always in the air.
In the stories of our daily lives,
Together, we find courage to thrive.
With each other we learn and grow,
Through thick and thin, we glow.
Family is forever, a timeless song,
In our hearts, where we belong.
Our roots are deep and branches wide,
In the family, we find our pride.

And the answer is prayer,
where miracles happen

Pray in Silence

I do not want to tell anything,
to anyone, anymore,
as being silent is more powerful,
than without being heard,
by someone who you love the most,
who you treasure the most.
Pray in silence,
and have patience, for miracles to happen.

Allah is with me

The moment I realized, Allah is with me.
I have stopped thinking, who is not with me.